CATALOGUE

DE

TABLEAUX MODERNES

DE

BAILLET, CLARY, COURBET, DELACROIX, DIAZ, DOMINGO,
HARPIGNIES, JACQUE, JOUBERT,
RAFFAELLI, RANVIER, RODRIGUEZ, SVERTSCHKOFF, ETC.

16 ŒUVRES de MONTICELLI

« LA FEMME AU LAC » DE COROT

« LA RONDE des NYMPHES » de H. PICOU

TABLEAUX ANCIENS

GOUACHES, DESSINS, AQUARELLES, PASTELS
des différentes Écoles

DONT LA VENTE AURA LIEU

HOTEL DROUOT, SALLE N° **1**

Le Mercredi 27 Juin 1900, à 2 heures 1/4

Me G. DUCHESNE	**M. A. BLOCHE**
COMMISSAIRE-PRISEUR	EXPERT
6, Rue de Hanovre, 6	**28, Rue de Châteaudun, 28**

Chez lesquels on trouve le présent Catalogue

EXPOSITION PUBLIQUE

LE MARDI 26 JUIN 1900

DE 2 HEURES A 6 HEURES

CONDITIONS DE LA VENTE

Elle aura lieu au comptant, les acquéreurs paieront cinq pour cent en sus des adjudications.

L'Exposition ayant mis le public à même de se rendre compte des tableaux exposés, il ne sera admis aucune réclamation après l'adjudication.

Paris. — Imp. Ménard et Chauffour, 8-10, rue Milton

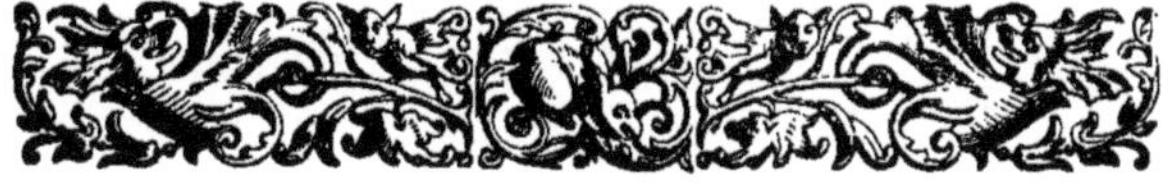

DÉSIGNATION

TABLEAUX MODERNES

MONTICELLI

1 — *Pélérinage à Pompeï.*

Foule de jeunes femmes, de cavaliers et d'enfants, sont diversement groupés devant le mur de ce qui fut un temple élevé à la Divinité dont les vestiges éclairés par un rayonnement, sont encore là sur un socle au milieu d'une terrasse. Les costumes bariolés se détachent avec une grande intensité de couleur sur le fond de ciel aux teintes foncées et d'une transparence de reflets imageant presque les translucides.

Bois, larg. : 0^m87; haut. : 0^m44

MONTICELLI

2 — *A Venise.*

Devant une gondole amarrée et dont la proue se détache merveilleusement éclairée, des Patriciennes, des Grands seigneurs aux costumes variés et bariolés sont groupés.

Bois, larg.: 0^m87 ; haut.: $0^m 44$

MONTICELLI

3 — *La Cour du Château.*

Le Seigneur et son fauconnier ayant près d'eux un grand lévrier, causent à droite. Deux bambins s'amusent près d'une femme assise, à côté un reitre debout et au fond un cavalier en costume rouge monté sur un cheval blanc, différents personnages, assis devant la façade du château. Par d'heureux effets de couleur, presque tous les personnages se détachent en pleine lumière sur le fond un peu sombre.

Signé dans le bas à gauche.

Bois, larg.: $0^{m}47$; haut.: $0^{m}30$

MONTICELLI

4 — *La Vieille Mosquée.*

Sur le seuil du vieux temple presque en ruines, dont l'entrée et les murailles sombres se détachent sur un ciel bleu, des officiers turcs en superbes costumes parés d'armes étincelantes, reçoivent et éclairent pour les conduire dans l'intérieur de la mosquée un grand vizir et sa suite.

Signé en bas à gauche.

Bois, larg.: $0^{m}7$[illegible]; haut. : $0^{m}40$

MONTICELLI

5 — *La Collation.*

Une agréable surprise attendait les heureux promeneurs dans le parc, où une table couverte de rafraichissements et de choses frugales les convie à se reposer. Le

paysage est tout imbriqué des reflets d'un soleil de feu.
Signé en bas à gauche.

Bois larg.: 0m58; haut.: 0m47

MONTICELLI

6 — *Gentes Dames.*

Ce sont des Patriciennes du Moyen Age en robe de velours, de brocart, de satin, aux nuances l.s plus chatoyantes qui causent dans un parc et s'amusent avec des chiens pendant qu'à distance deux gentilshommes admirent les beautés du site.
Signé en bas à gauche.

Bois larg. : 0m67 ; haut, : 0m52

MONTICELLI

7 — *Le Rendez-vous des pages.*

Sont-ils venus pour elles ? Sont-elles venues pour eux ? Cinq grandes dames coquettement habillées surprennent dans un parc des jeunes pages venant comme par hasard s'égarer dans le carrefour préféré.

Bois larg. : 0m44 ; haut.: 0m27

MONTICELLI

8 — *Les Séductions de l'Amour.*

Au milieu d'un parc ensoleillé le troubadour chante, l'Amour offre ses présents à la belle Florentine qui ne saurait les refuser. Près d'elle des compagnes non moins charmées l'envient sans doute, tout en la contemplant. Signé en bas à gauche.

Bois, larg. : 0m 61 ; haut. : 0m 52

MONTICELLI

9 — *Les Trois Florentines.*

Réputées par la couleur blonde et ardente de leurs chevelures, en robe de nuances toutes trois bien tranchantes, suivies par une autre femme en robe jaune elles observent une meute de chiens au milieu d'un paysage aux chatoyantes couleurs.

Signé en bas à gauche.

Bois, larg. : 0m41 ; haut. : 0m22

MONTICELLI

10 — *L'Orgie.*

Dans la salle d'un palais italien, autour d'une table somptueusement servie, le verre en main, des gentilshommes en riches costumes et des femmes en coquets atours causent galamment, chantent, rient et boivent à l'amour.

Signé en bas à gauche.

Bois, larg. : 0m 60 ; haut. : 0m 44

MONTICELLI

11 — *Les Baigneuses.*

Au bord d'un ruisseau coulant à travers un bois ensoleillé, trois jeunes femmes nues se disposent à se

baigner dans l'onde. Près d'elles une créole en costume moyen âge se tient debout.
Signé en bas à gauche.
Bois, larg. : 0m46 ; haut. : 0m38

MONTICELLI

12 — *Jeux d'Amours.*

Groupés trois par trois dans la forêt enchantée ils prennent là leurs ébats, et la bonne fée les entraîne.
Signé en bas à gauche.
Bois, larg. : 0m42 ; haut. : 0m22

MONTICELLI

13 — *La Cueillette.*

Quatre jeunes femmes ramassent des fruits qui tombent des grands arbres sous lesquels elles s'abritent, deux gentilshommes se tenant à l'écart, les observent; un chien blanc aboie après elles.
Signé en bas à gauche.
Bois, larg. : 0m42 ; haut. : 0m22

MONTICELLI

14 — *Effet de Neige.*

Paysage des plus pittoresque.
Bois, larg. : 0m51 ; haut. : 0m32

MONTICELLI

15 — *Fête d'Amours.*

Au bord d'un lac, dans un payasage fleuri, sous la surveillance de la bonne fée, ils prennent leurs ébats.
Signé à gauche.

Bois, larg. : 0m58 ; haut. : 0m48

MONTICELLI

16 — *Le Départ pour la chasse.*

Composition de six personnages.
Signée à gauche.

Bois, larg. : 0m60 ; haut. ; 0m95

ALLONGÉ (d'après)

17 — *Paysage boisé.*

Eau forte.

ANDRADE

18 — *Petits pêcheurs* sur des rocners au bord de la mer.

Toile. Signée.

haut. : 0m59 ; larg. : 0m98

BAILLET (E.)

19 — *Rêverie.*

Dans les blés, au bord d'une rivière, adossée à un arbre une jeune femme coiffée d'un chapeau de paille, regarde mélancoliquement la rive opposée.

Signé à droite.

Toile, larg. : $0^{m}37$; haut. : $0^{m}53$

BAILLET (E.)

20 — *La Route au bord de la rivière.*

Animée de paysannes et de volatiles, bordée de fermes

Signé à droite.

Toile, larg. : $0^{m}50$; haut. : $0^{m}36$

BAILLET (E.)

21 — *La Cour de la ferme.*

Signé à gauche.

Toile, larg. : $0^{m}52$; haut. : $0^{m}40$

BAILLET (E.)

22 — *Les Quais.*

On voit la ville à droite, animée de personnages et le port avec de nombreux bateaux.

Signé à droite.

Toile, larg. : $0^{m}52$; haut. : $0^{m}40$

BAILLET (E.)

23 — *Ville baignée par une rivière.*

Signé à gauche.

Toile, larg. : 0m50 ; haut. : 0m37

BAILLET (E.)

24 — *A Midu-Argaud. Souvenirs d'Afrique.*

Signé à gauche.

Toile, larg. : 0m35; haut. : 0m55

BAILLET (E.)

25 — *Bords de lac.*

Signé à gauche.

Toile, larg. : 0m38 ; haut. : 0m55

BAILLET (E.)

26 — *Rue de village.*

Signé à droite.

Toile, larg. : 0m35; haut. : 0m55

BAILLET (E.)

27 — *Les Canards.*

Signé à droite.

Toile, larg. : 0m55 ; haut. : 0m93

BEAUBRUN

28 — *Portraits de grande dame et de gentilhomme.*

Deux pendants. Cadres bois sculpté.

BERNARD (E.)

29 — *Procession à St-Brieuc.*

30 — *Paysage.* Allée de parc.

31 — *Paysage.* Vue de village.

BOUCHER (François)

32 — *La Nativité.*

Jolie peinture en grisaille.
Signé et daté

BOUDIN

33 — *Couple assis près de la plage.*

34 — *Vue d'une rade.*

CARESME

35 — *Offrandes à l'Amour.*

Deux belles gouaches dans un même cadre. Signées.

CHAINEAU

36 — *La Bergère.*

Dessin au crayon noir rehaussé de couleur. Signé et daté 1781.

CHAPLIN (Ch.)

37 — *Projet de plafond.*

Aquarelle.

CLARY (E.)

38 — *Dans le jardinet*

Toute de rose habillée, une jeune femme dans l'attente regarde, s'appuyant contre le treillage.

Signée à droite.

Toile, long.: 0m32 ; haut.: 0m50

CLARY (E.)

39 — *La Barque.*

Signée à droite.

Toile, larg.: 0^{m}53 ; haut.: 0^{m}40

CLARY (E.)

40 — *Bords de rivière avec barque amarrée.*

Signée à gauche.

Toile, larg.: 0^{m}53 ; haut.: 0^{m}40

CLARY (E.)

41 — *La Campagne.*

Signée à droite.

Toile, larg.: 0^{m}55 ; haut.: 0^{m}32

CLARY (E.)

42 — *Bords d'un lac.*

Signé à droite.

Toile, larg. : 0^{m}60 ; haut. : 0^{m}28

CLARY (E.)

43 — *Pré bordé d'un petit bois à droite.*

Signé à droite.

Toile, larg. : 0m60 ; haut. : 0m28

COCHIN

44 — *Tête d'homme.*

Sanguine.

COROT

45 — *La Femme au lac.*

C'est une belle jeune femme assise regardant presque de face, la chemise tombante laisse voir sa gorge et sa poitrine, ses deux bras nus reposant sur ses genoux, sa robe rouge, le ton du paysage, l'effet des eaux du lac en font une œuvre pleine de charme.

Toile ovale, larg. : 0m30 ; haut. : 0m35

COROT

46 — *Paysage avec figure.*

COURBET

47 — *Cerf et biche sous bois.*

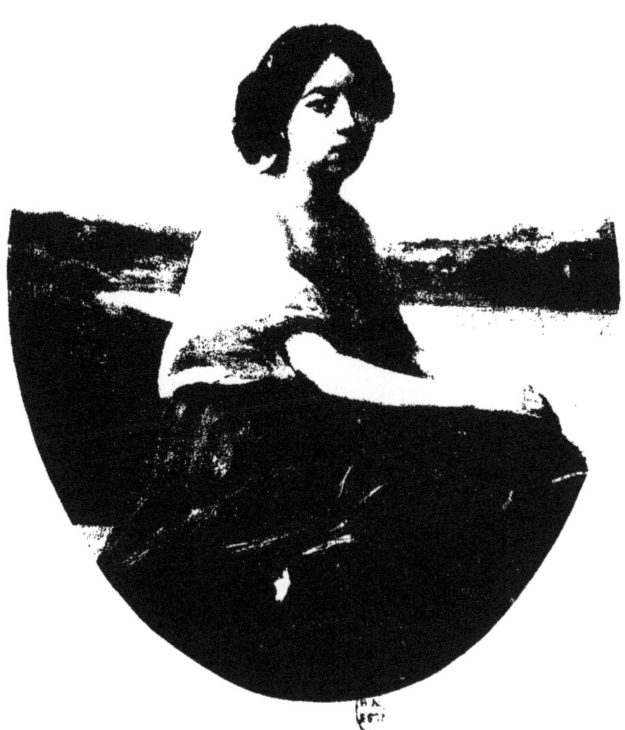

La Femme au lac, de COROT.

CUYP (attribué à)

48 — *Portrait d'homme.*

Représenté en pied, en costume de velours noir et tenant un éventail. Dans le fond un paysage.

Cadre bois sculpté de l'époque.

DELACROIX (Eugène)

49 — *Ophélie.* Dessin aux crayons de couleur.

DIAZ

50 — *La Femme au chien.*

En robe blanche à corsage bleu, décolleté, debout, à l'ombre de grands arbres, elle joue avec son petit chien.

Signé à gauche.

Toile, larg. : 0m34; haut. : 0m53

DIAZ

51 — *Intérieur de forêt.*

Signé à gauche.

Bois, larg : 0m40; haut : 0m35

DOMINGO

52 — *Mascarade à Seville.*

DROLLING (Genre de)

53 — *Le Déjeuner du matin*

Scène d'intérieur.

Bois, larg : 0m34; haut : 0m46

FRANCK

54 — *Prédication de Jésus-Christ.*

GAEL (B)

55 — *Halte devant l'auberge.*

Bon tableau.
Signé à droite.

GAUSSAN (Léo)

56 — *Paysage.*

GREUZE (J. B)

57 — *La cueillette des cerises.*

Une jolie jeune fille à genou au pied de l'arbre tend son tablier ainsi que son jeune frère debout près d'elle pour recevoir les fruits cueillis par l'aîné grimpé dans l'arbre, un autre petit garçon s'amuse près d'eux avec les cerises cueillies, un chien aboie à leurs côtés.

L'expression des physionomies, la facture de cette gracieuse composition et le charme du coloris nous en-

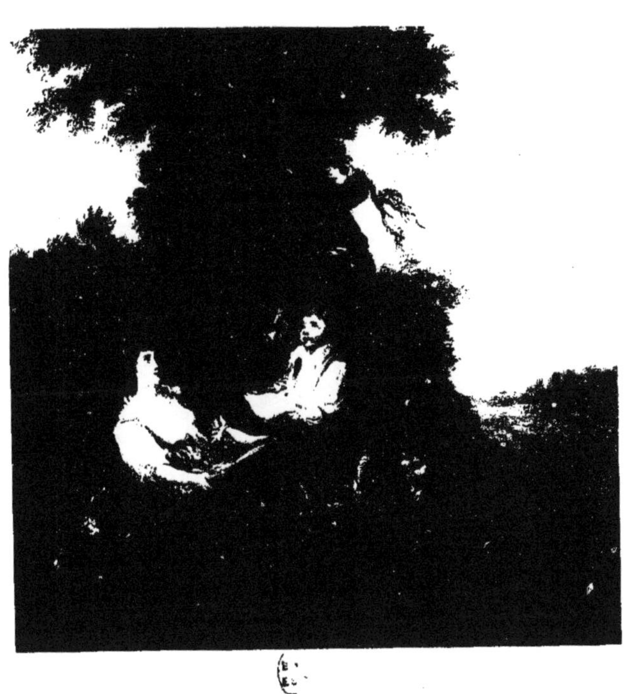

La Cueillette, de GREUZE.

gagent à l'attribuer à J.-B. Greuze et à la considérer comme une des œuvres les plus agréables du maître quoique de proportion restreinte.

Bois, larg : $0^{m}25$; haut : $0^{m}25$

HARPIGNIES

58 — *Paysage, lisière d'un parc.*

Signé à gauche.

Aquarelle, larg : $0^{m}20$; haut : $0^{m}15$

JACQUE (C.)

59 — *Chevaux de labour attelés à une tondeuse sur laquelle se repose un paysan.*

Signé à gauche.

Toile, larg : $0^{m}32$; haut : $0^{m}32$

JORDAENS (D'après)

60 — *Femmes portant des fruits, et Satyre.*

JORDAENS (D'après)

61 — *Nymphe et bacchante.*

JOUBERT (L.)

62 — Bords de rivière.

Signé à gauche.

Toile, larg.: $0^{m}35$; haut.: $0^{m}52$

JOUBERT

63 — *Cour de maison en Orient.*

Signé à gauche.

Toile, larg.: $0^{m}27$; haut.: $0^{m}33$

KAUFMANN (D'après Angelica)

64 — *Nestor et Télémaque dans l'île de Calypso.*

LARGILLIÈRE (Attribué à)

65 — *Portrait de grande dame en costume de cour.*

Cadre bois sculpté et doré de l'époque.

LEMATTE

66 — *Allégorie à la Pêche.*

LYNEN

67 — *Fumeur en forêt.*

Mignard

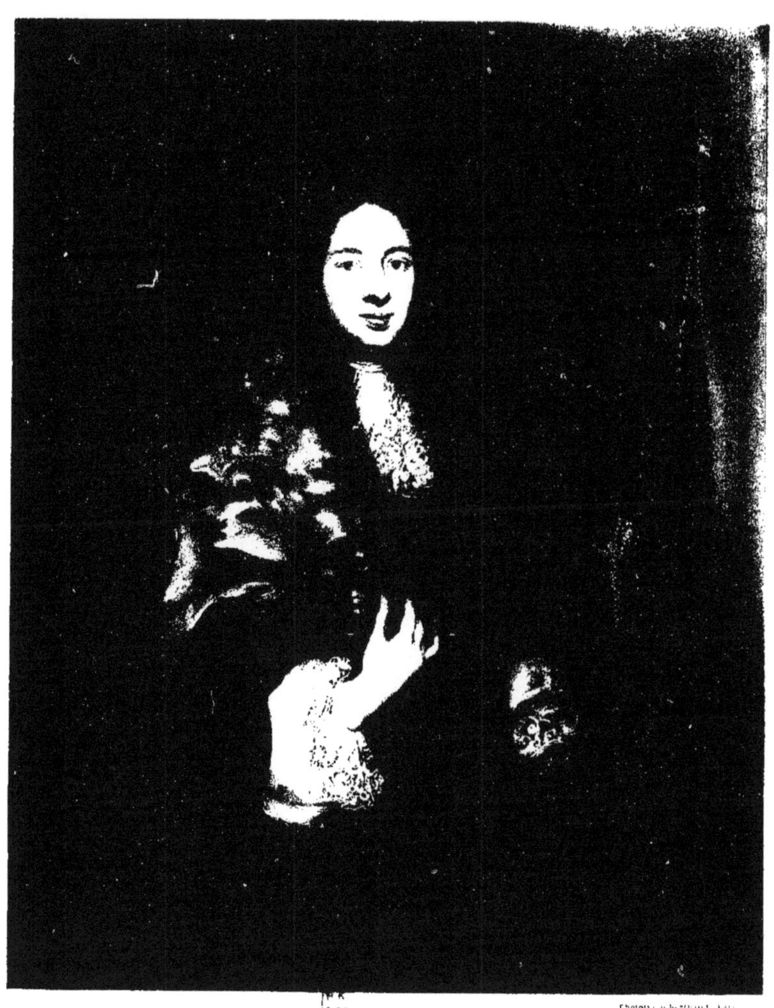

68 — *Hutte de bûcherons à Garches* (Seine-et-Oise).

69 — *Petit lavoir à St-Sauveur* (Seine-et-Oise).

70 — *Forêt dans le Jura.*

71 — *Moulin à Bringy* (Seine-et-Oise).

MALTAIS (Le chevalier).

72 — *Instruments de musique et objets d'orfèvrerie dans un intérieur de palais.*

MESPLÈS

73 — *Danseuse.*

Pastel.

MIGNARD

74 — *Portrait d'un gentihomme.*

Représentè à mi-corps, presque de face, portant longue perruque, dont il caresse de la main droite les boucles tombant sur sa poitrine, costume rouge, manteau rayé bleu et jaune, manches et cravate garnies de guipure de Venise.

Toile, larg.: 0m96; haut.: 1m10

NOEL

75 — *Le Puits.*

Signée à droite.

Aquarelle. larg.: 0m23; haut.: 0m30.

OEON (E.)

76 — *La Rade de Cadix.*

Grand tableau. Signé à droite.

larg.: 0m 98 ; haut.: 1m23

PICOU (Henry)

77 — *La Ronde des nymphes.*

Œuvre des plus remarquables du maître. Signé et daté 1870.

Toile, larg. : 0m80 ; haut. : 0m40

RAFFAELLI (Jean-François)

78 — *Le général du Consulat.*

En grand uniforme, debout, la main droite dans son habit, de la main gauche tenant ses gants.

Signé à gauche.

Bois, larg.: 0m17; haut.: 0m25

RANVIER

79 — *L'Enfant au Cygne.*

Une fillette nue, assise au bord d'une rivière offre des cerises à un cygne aux ailes éployées.

Toile, larg.: 1m80 ; haut.: 1m12

RANVIER

80 — *Bacchante à sa toilette.*

Debout dans un paysage, une bacchante, la tête ornée de feuillage rattache la ceinture qui retient son vêtement, pendant qu'un amour lui présente un collier de perles.

Toile, larg.: 0m83; haut. : 1m34

RANVIER

81 — *Bacchus et Arianne.*

Bacchus rencontre Ariane éplorée dans l'île de Naxos.

Toile, larg.: 1m53; haut.: 1m16

RANVIER

82 — *Nymphes sous bois.*

L'une d'elles debout tenant une corbeille sous son bras droit, cueille de la main une grappe de raisin.

Toile, haut. : 0m60 ; larg. : 0m40

RANVIER

83 — *Jeune femme au cygne*

Une jeune femme nue au bord d'un lac présente une fleur à un cygne nageant au milieu des roseaux.

Toile, haut. : 0m54 ; larg. : 0m32

ROBERDAY

84-85 — *Scène de l'histoire de Daphné et scène allégorique*

Deux tableaux en mosaïque de perles.

RODRIGUEZ

86 — *Othello et Desdémone.*

En costume de guerre, adossé à une table recouverte d'un tapis rouge, Othello debout presse sur son cœur sa Desdémone toujours rebelle qui lui abandonne cependant sa main dans la sienne et baisse les yeux sous son regard si plein d'amour et de tendresse. Une mandoline et de la musique sur la table. Œuvre importante et intéressante par les impressions qu'elle trahit et les oppositions de coloris. Signé à gauche, daté de Paris 1868.

haut. : $2^{m}23$; larg. : $1^{m}67$

SVERTSCHKOFF

87 — *Le Traineau en Russie.*

THOMAS (H.)

88 — *L'Orientale.*

Pastel.

VAN THULDEN

89 — *Fête dans l'Olympe, la Ronde d'enfants.*

TIÉPOLO (J.-B.)

90 — *L'Ascencion.*

VERNET (Horace)

91 — *Cavalier turc à la poursuite d'un Arménien.*

Signé.

VEBER (Th.)

92 — *L'Inondation.*

Toute une famille est réunie sur le toit d'une maison.
Signé et daté 1841.

ÉCOLE FLAMANDE

93 — *Amour au perroquet.*

Petit tableau.

ÉCOLE FRANÇAISE

94 — *Jeune fille aux fruits.*

Gravure.

ÉCOLE FRANÇAISE

95 — *La lecture sous bois.*

ÉCOLE HOLLANDAISE

96 — *Portrait de femme avec armoirie.*

ÉCOLE ITALIENNE

97 — *La Sainte famille.*

Pastel

ÉCOLE DU XVIe SIÈCLE

98 — *Sainte Catherine en adoration devant la Vierge et l'Enfant Jésus dans la vallée de Josaphat.*

Cadre bois sculpté et doré.

99 — *Tableaux omis.*

www.ingramcontent.com/pod-product-compliance
Ingram Content Group UK Ltd.
Pitfield, Milton Keynes, MK11 3LW, UK
UKHW021930190726
13853UKWH00002B/957

9 782329 589589